Deportes y diversión al aire libre

Libro de colorear

Coloring Pages for Kids

Coloring Pages for Kids
An imprint of Ciparum LLC

Deportes y diversión al aire libre Libro de colorear
© 2017 Ciparum LLC
All rights reserved.
ISBN-10:1-63589-356-9
ISBN-13:978-1-63589-356-4

Coloring Pages for Kids

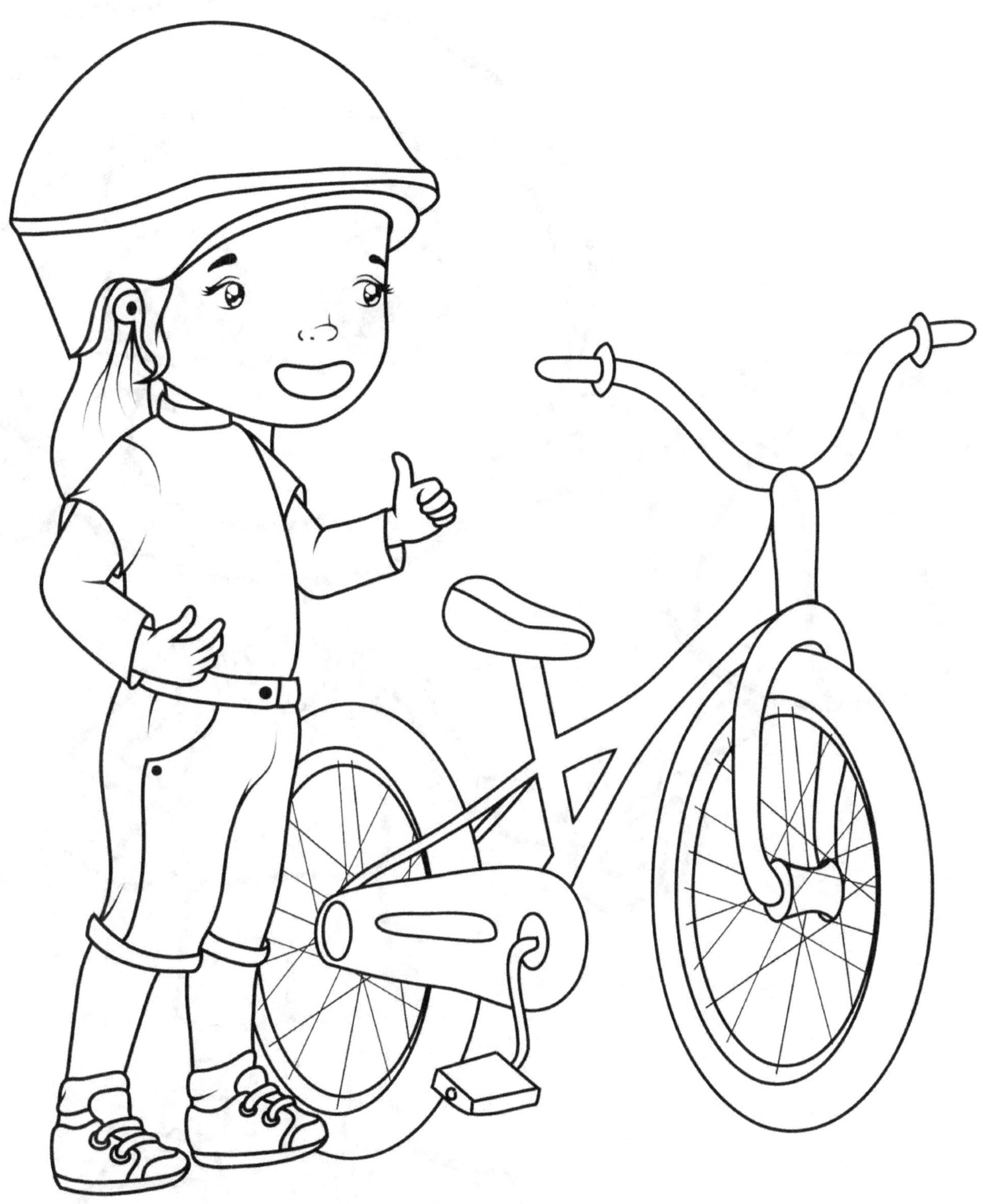

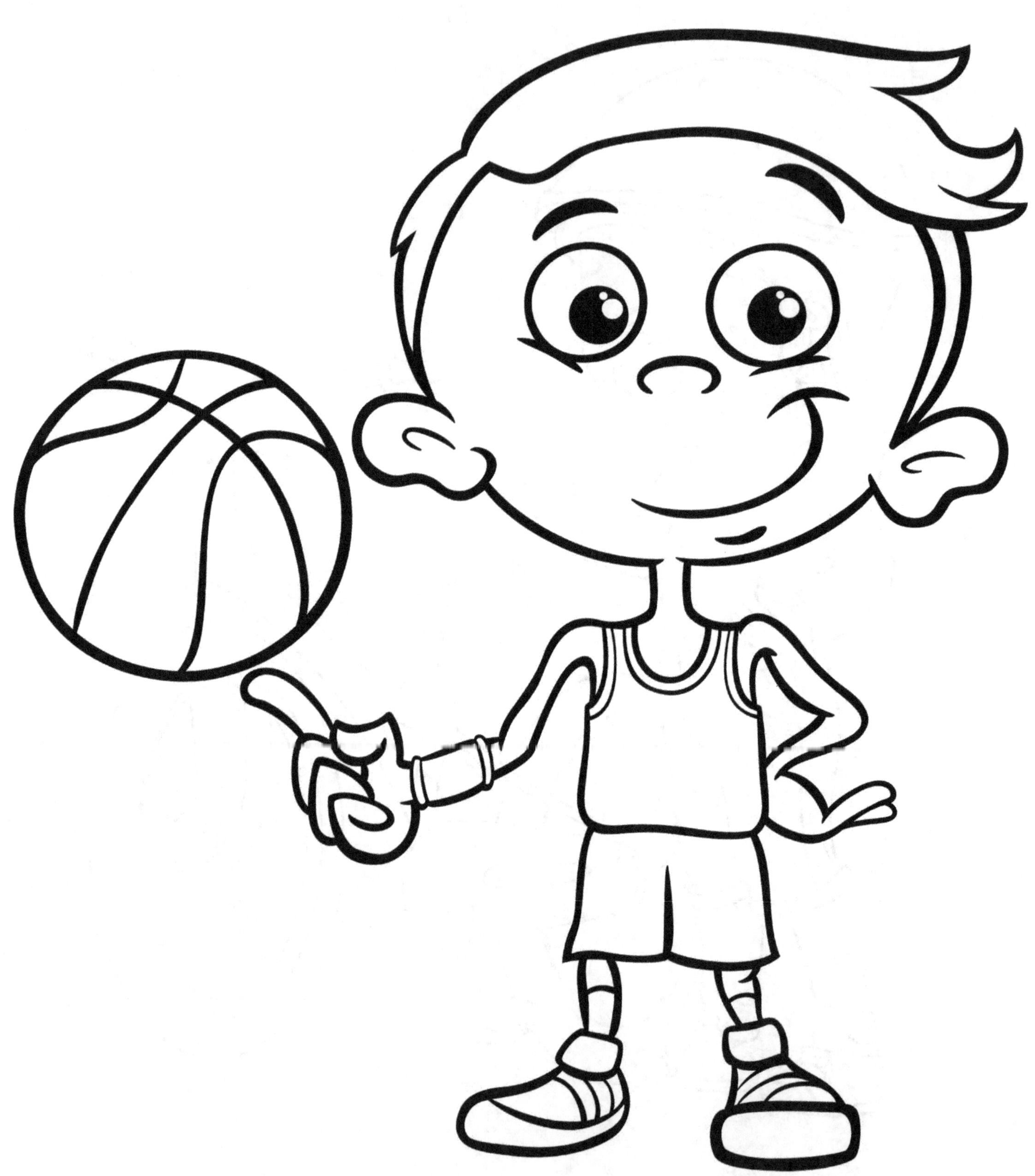

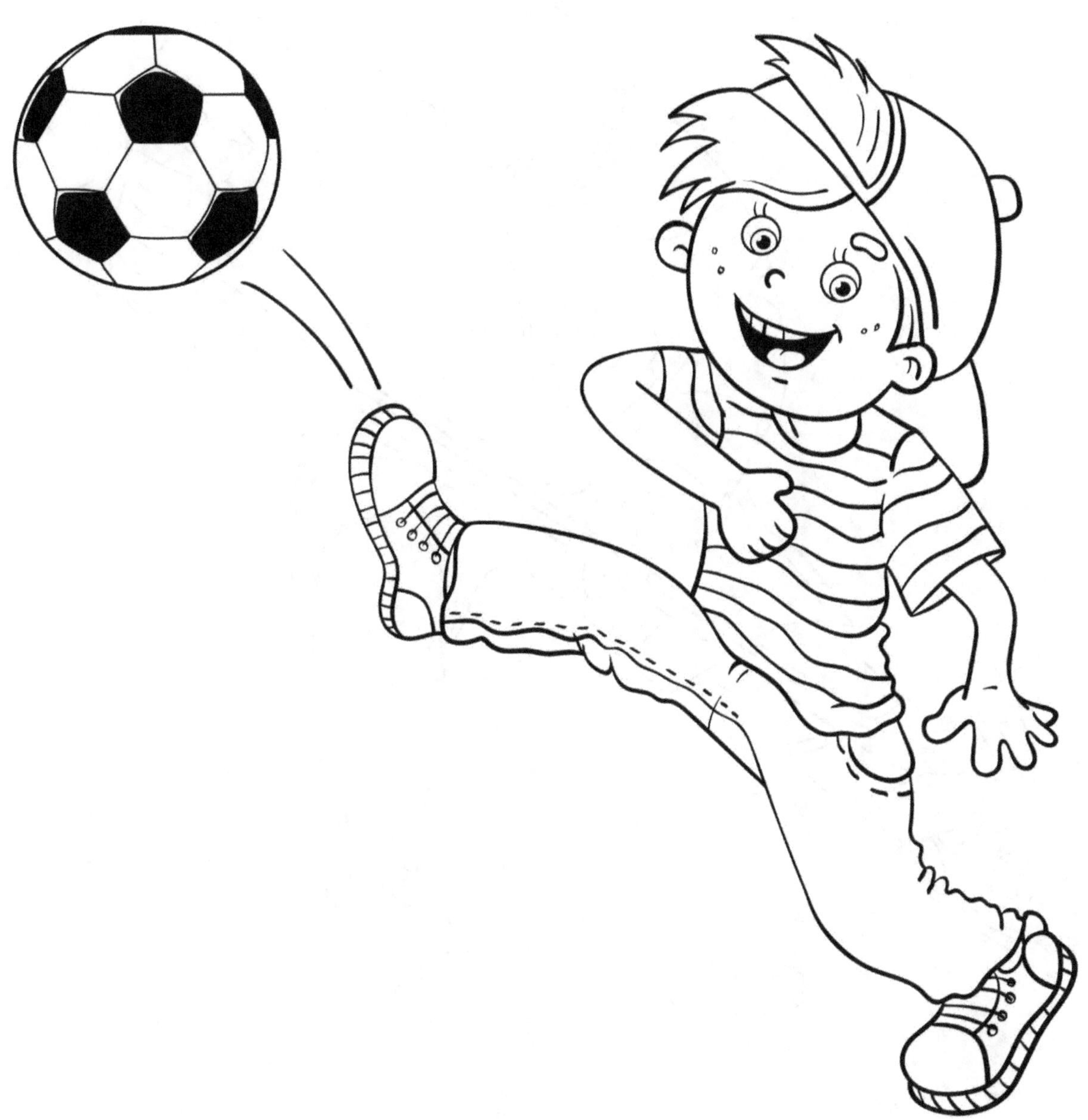

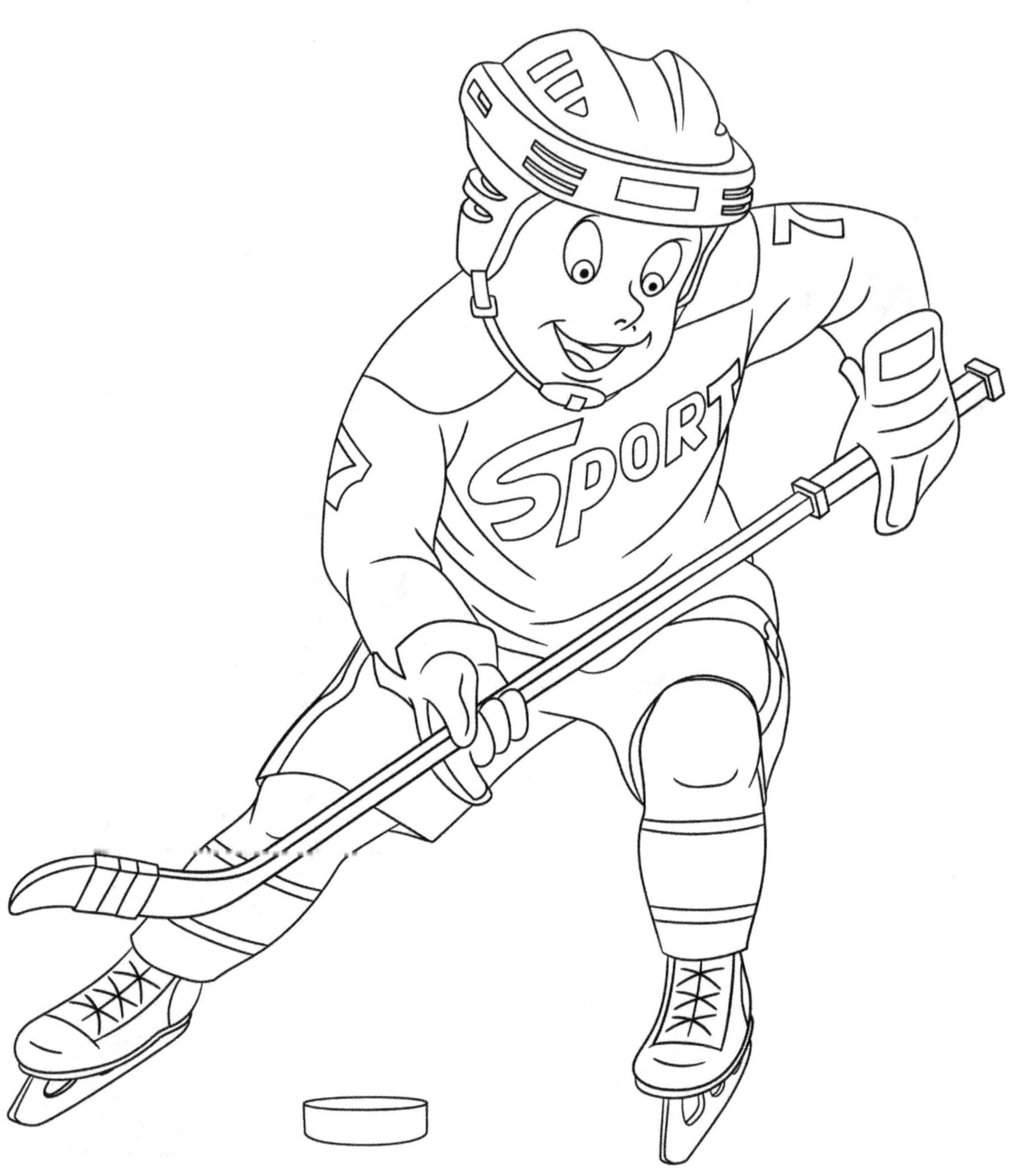
Sport

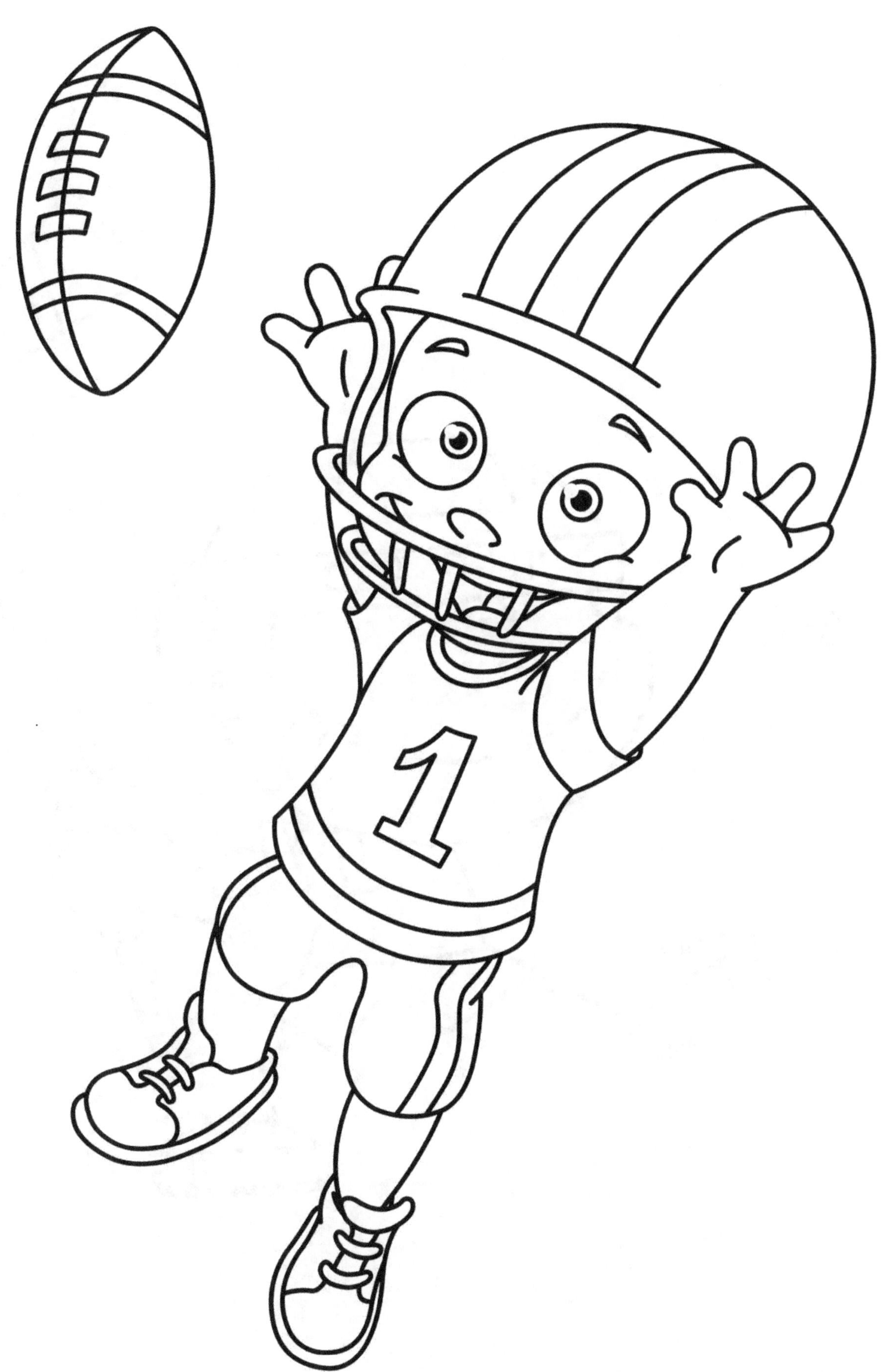

1

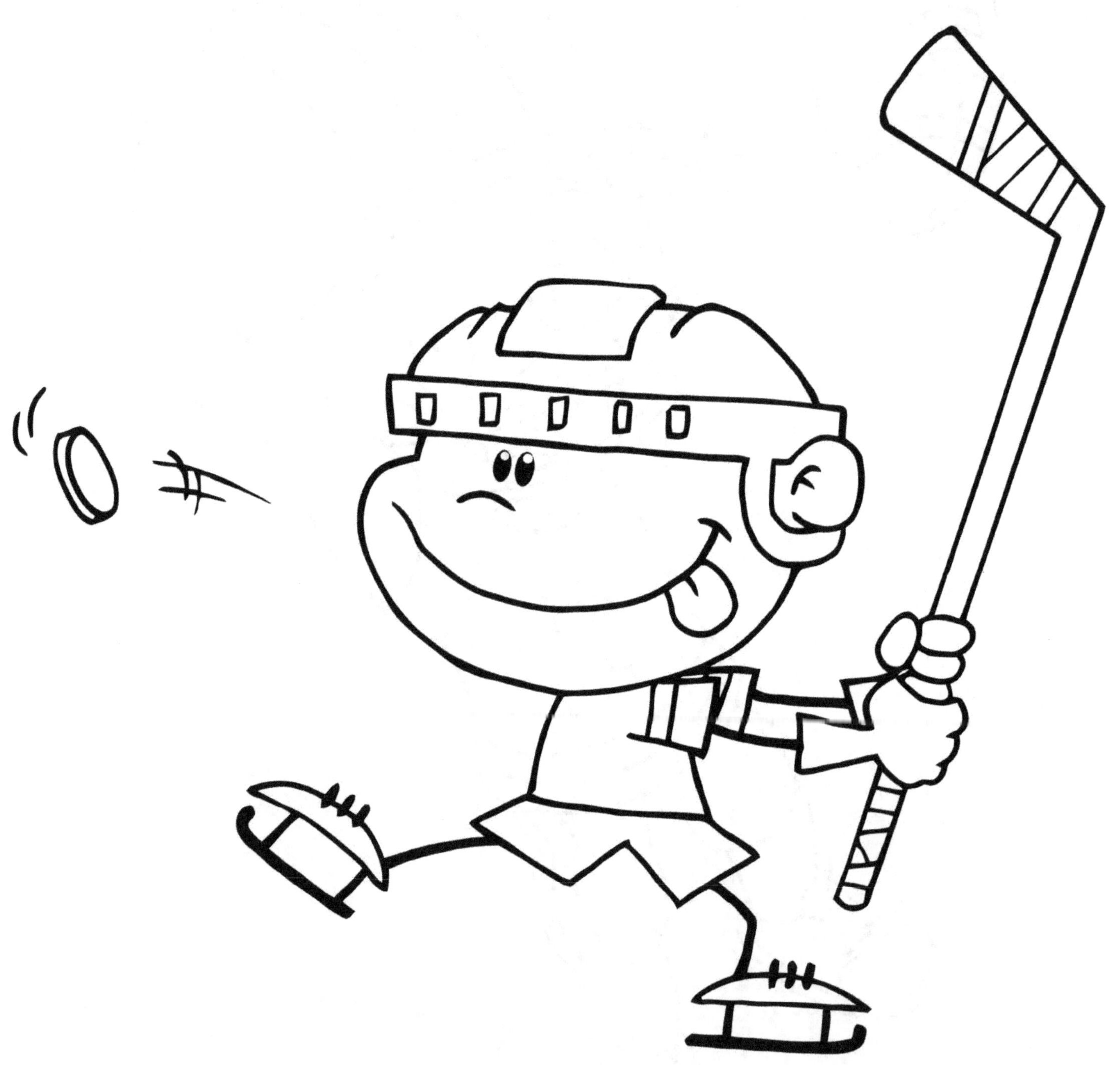

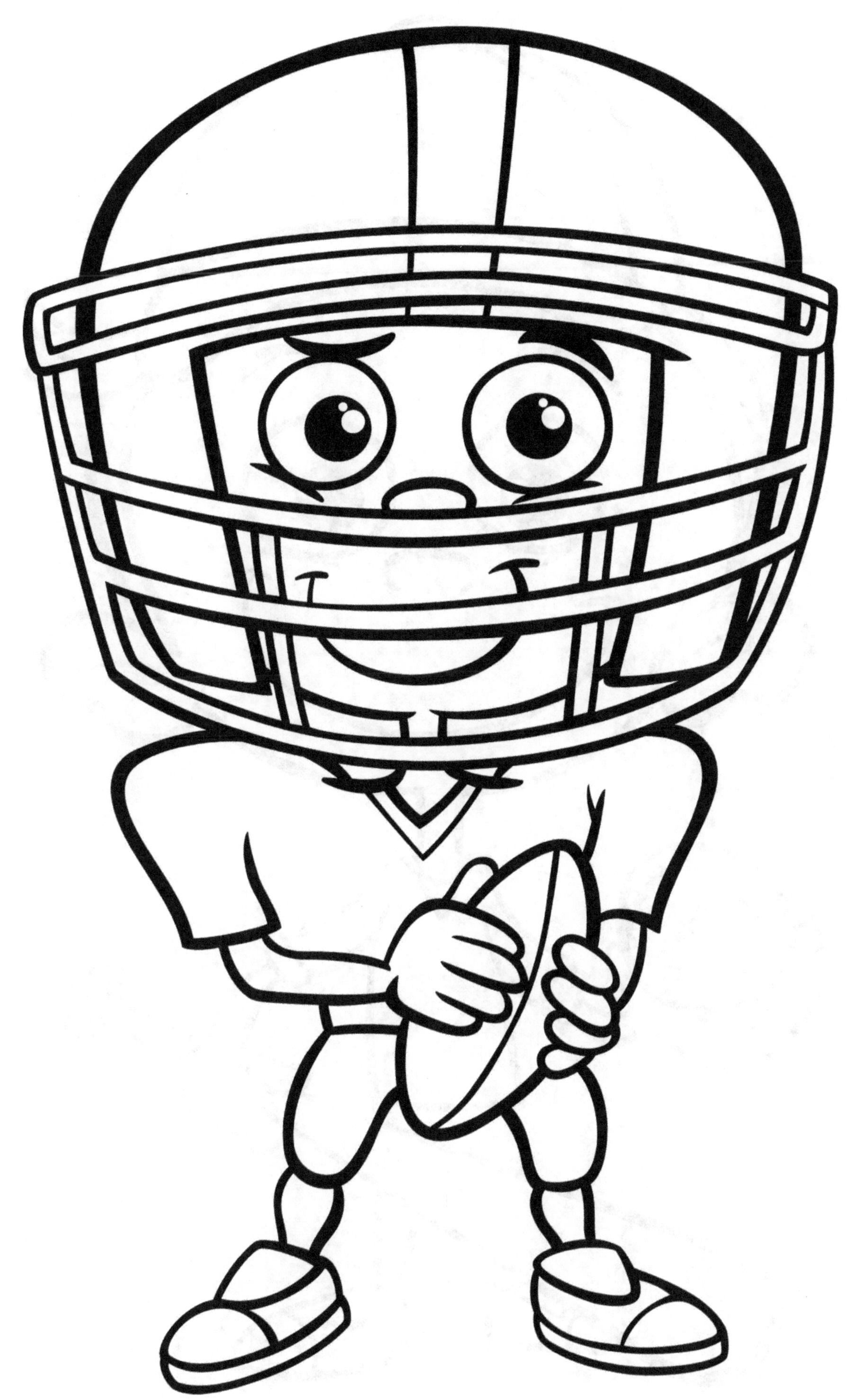

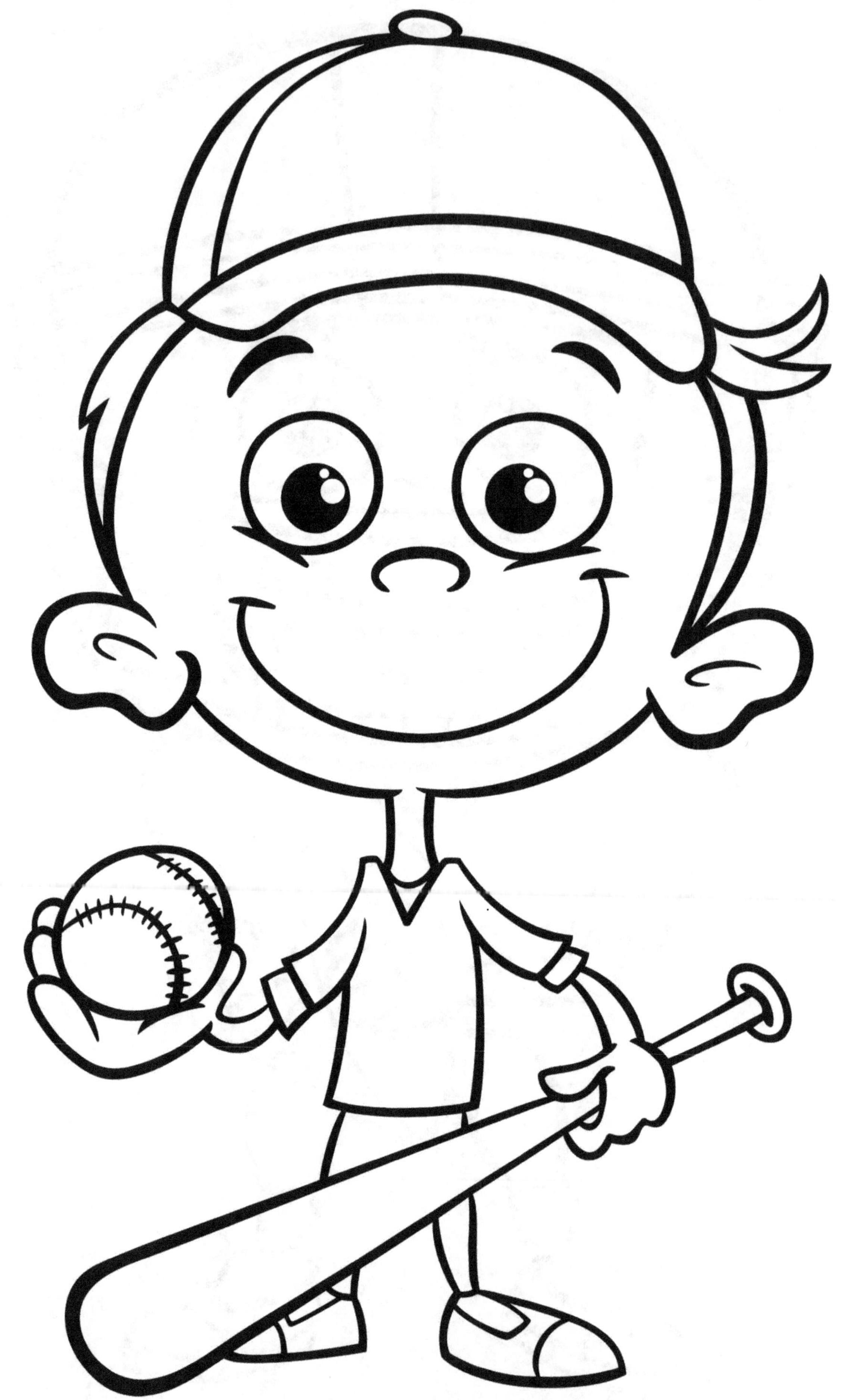

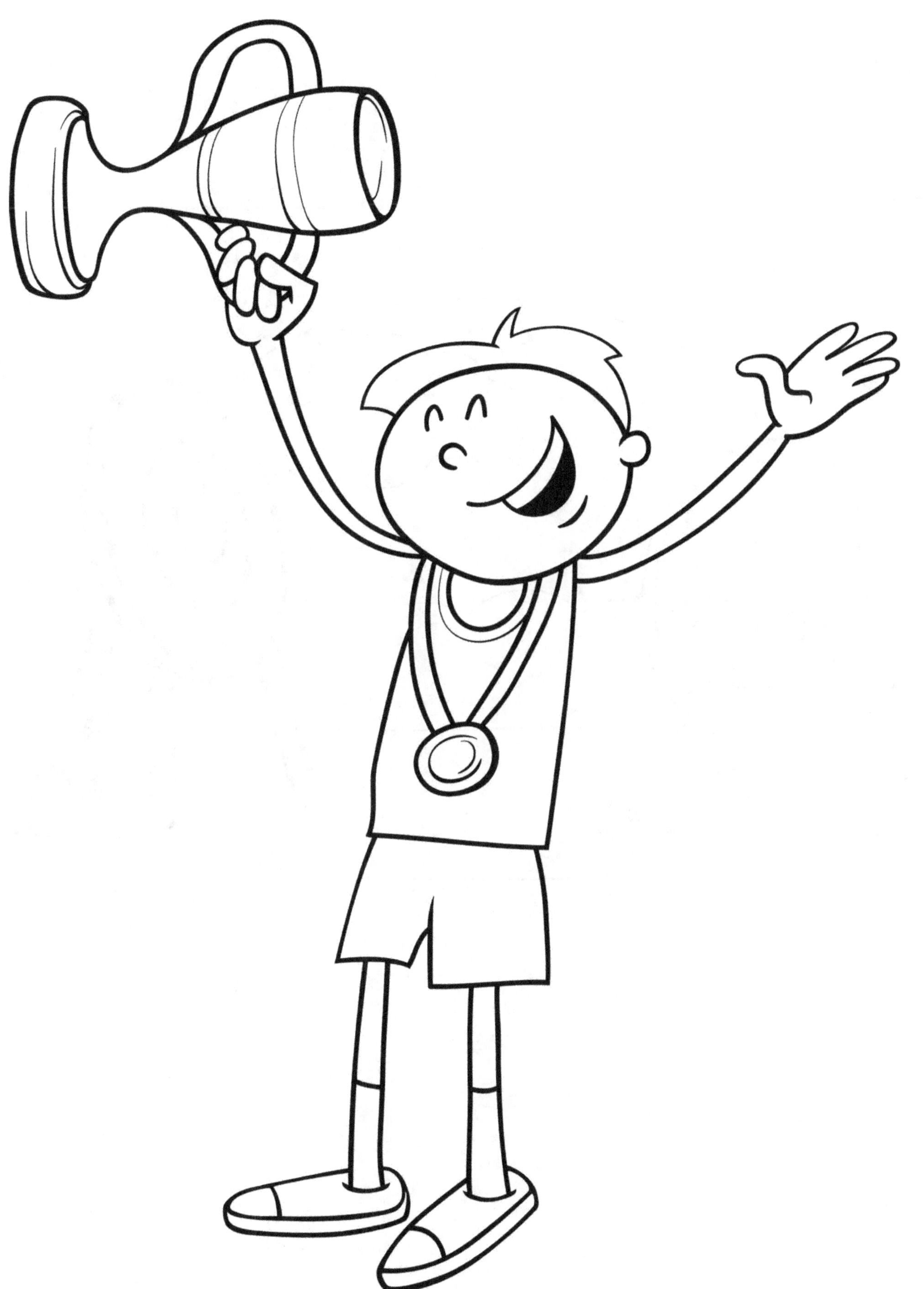

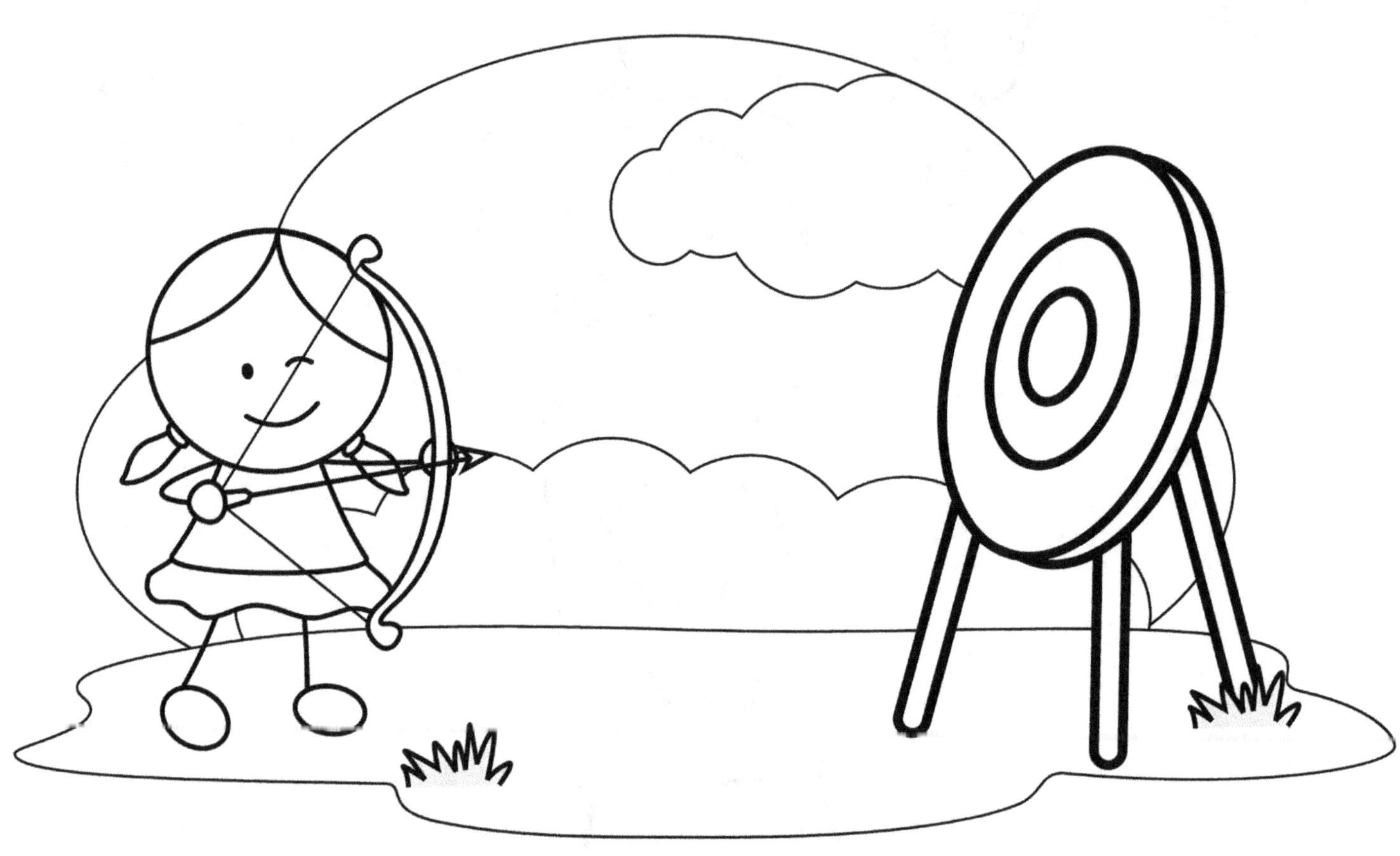

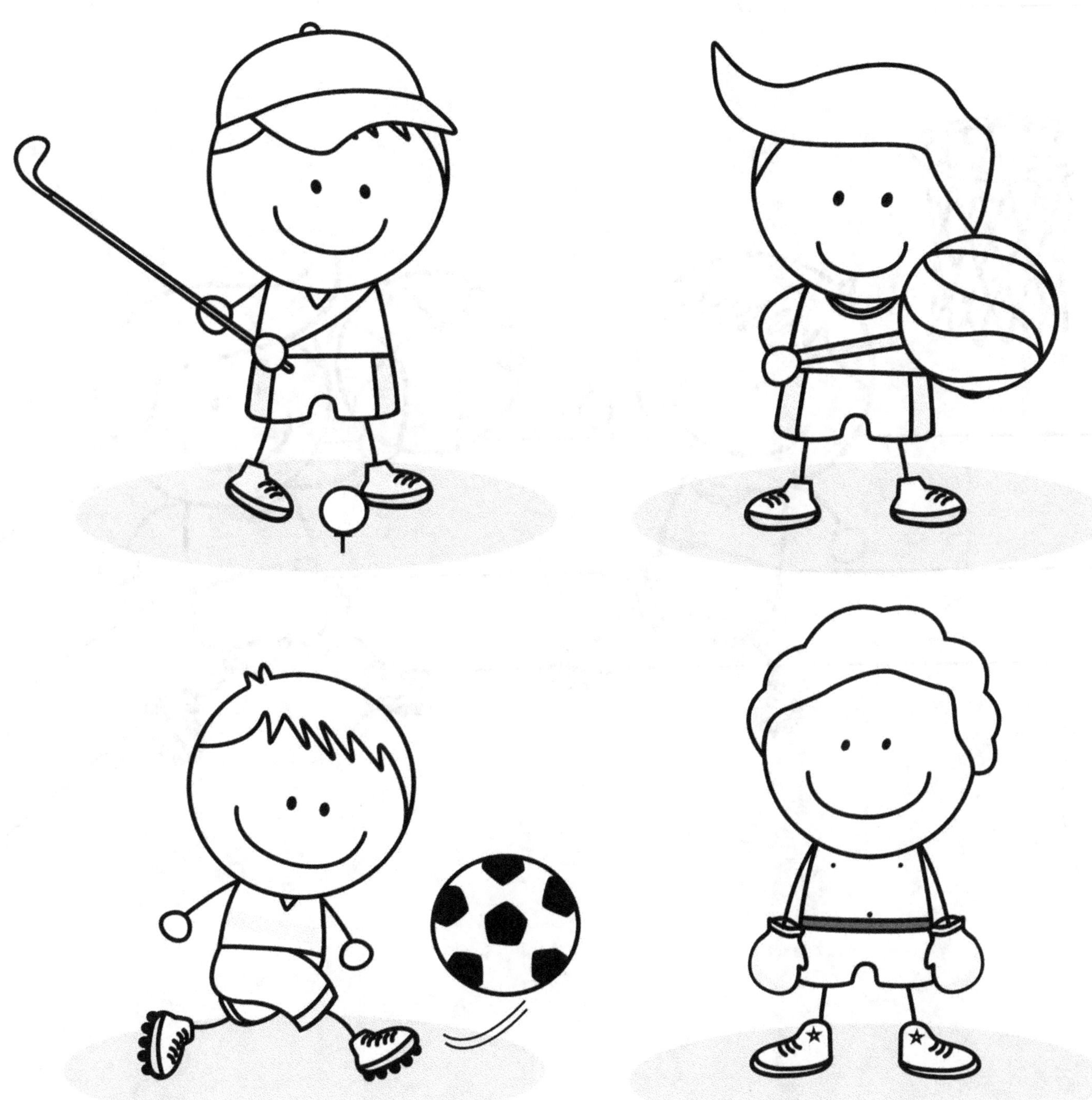

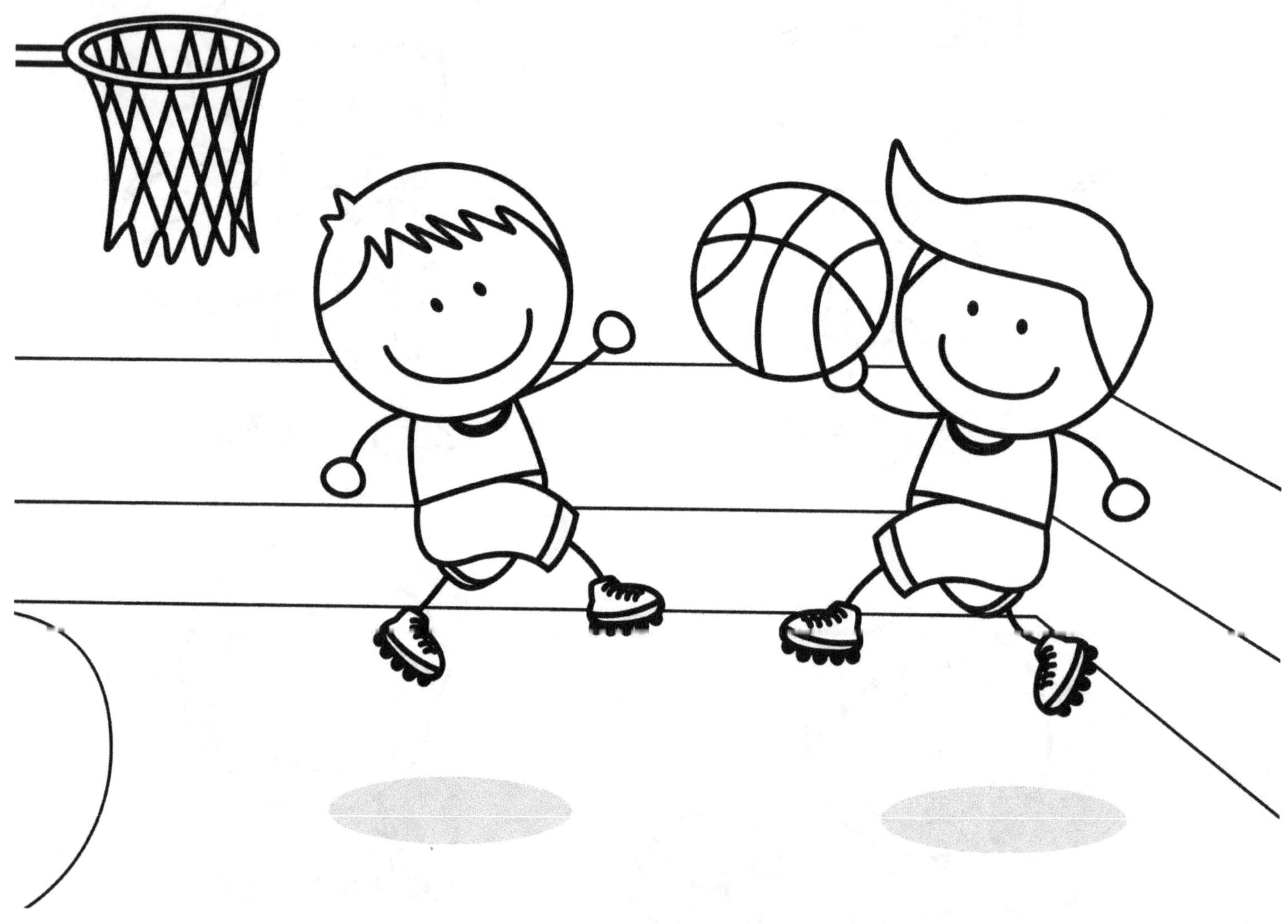

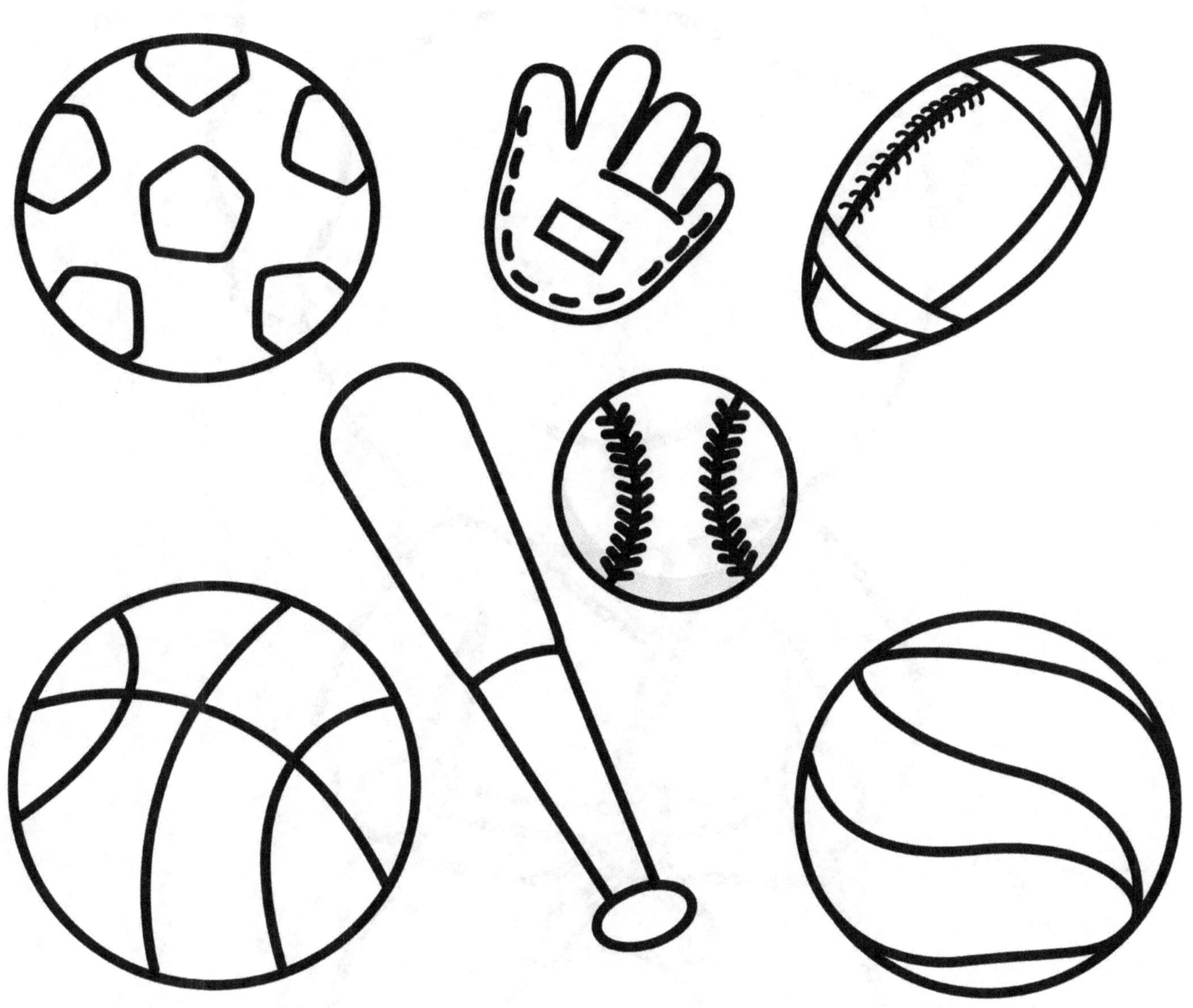

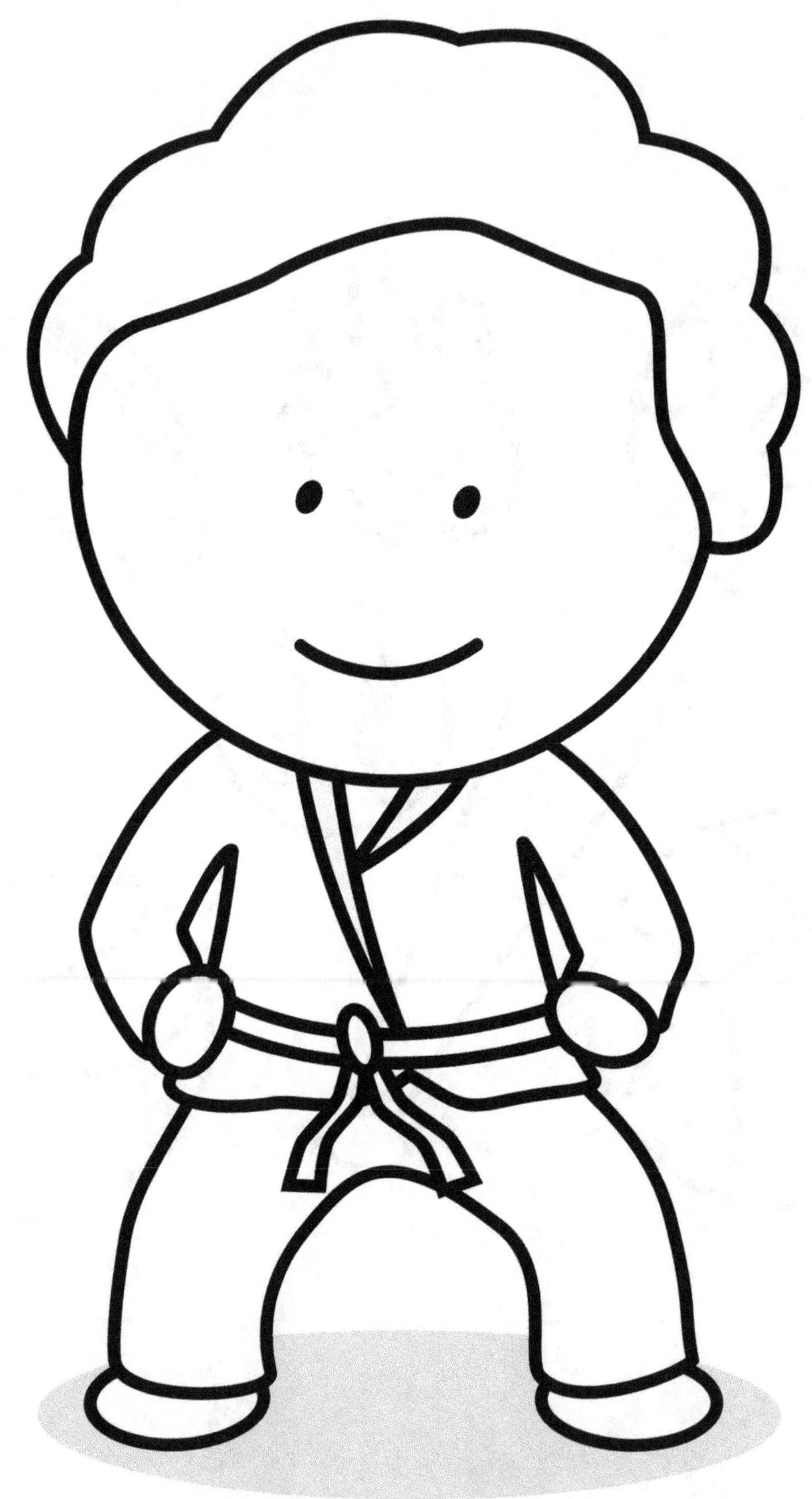

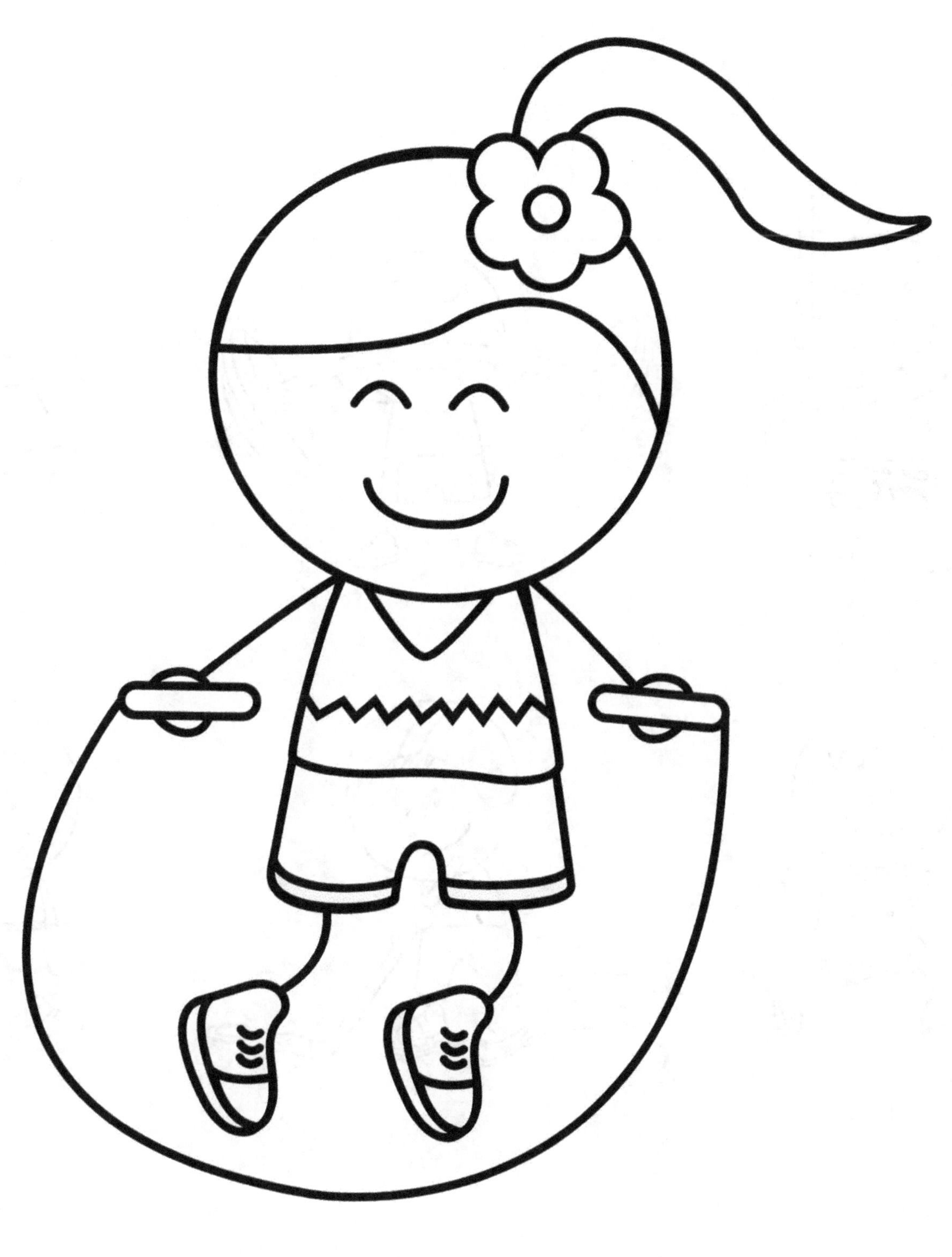

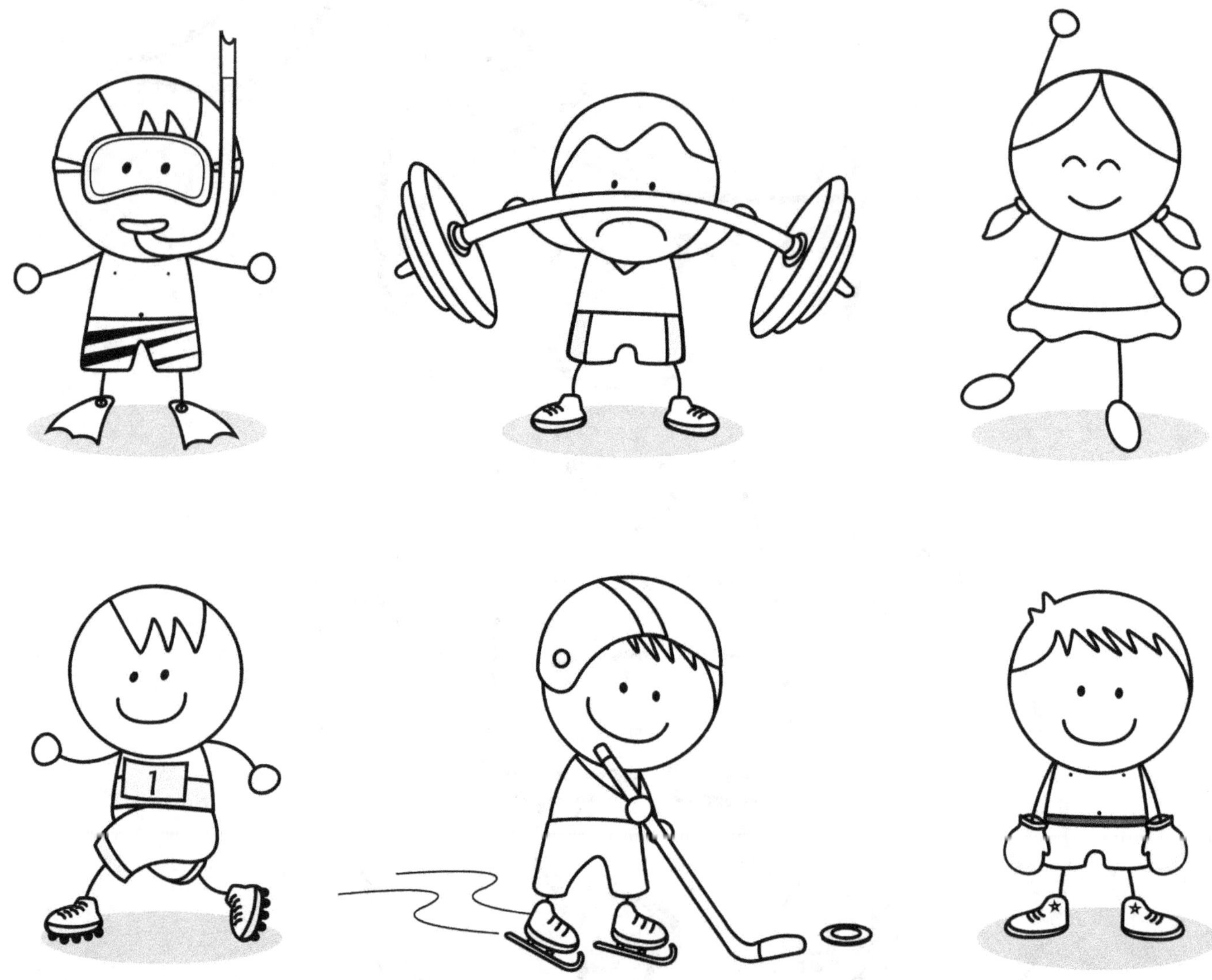

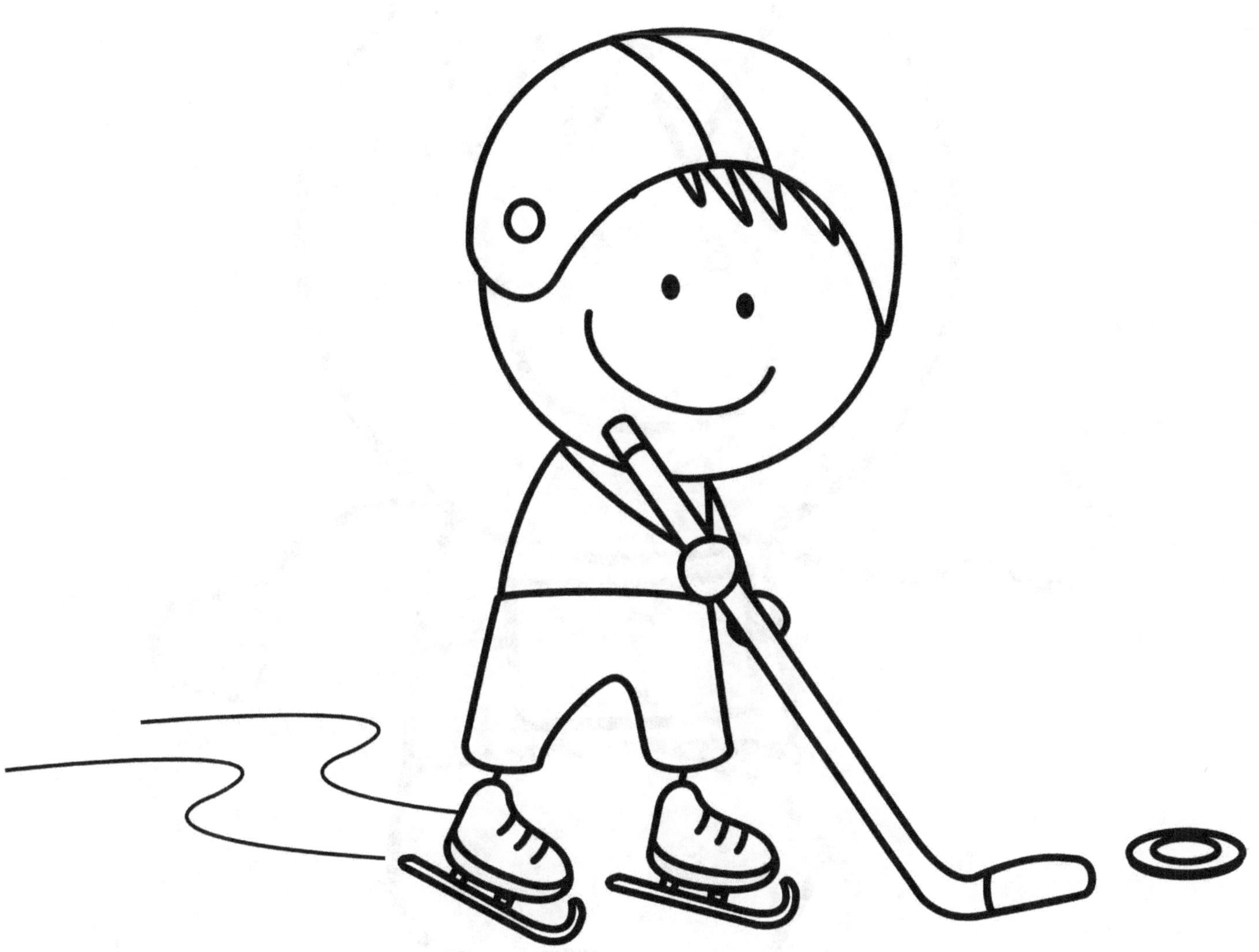

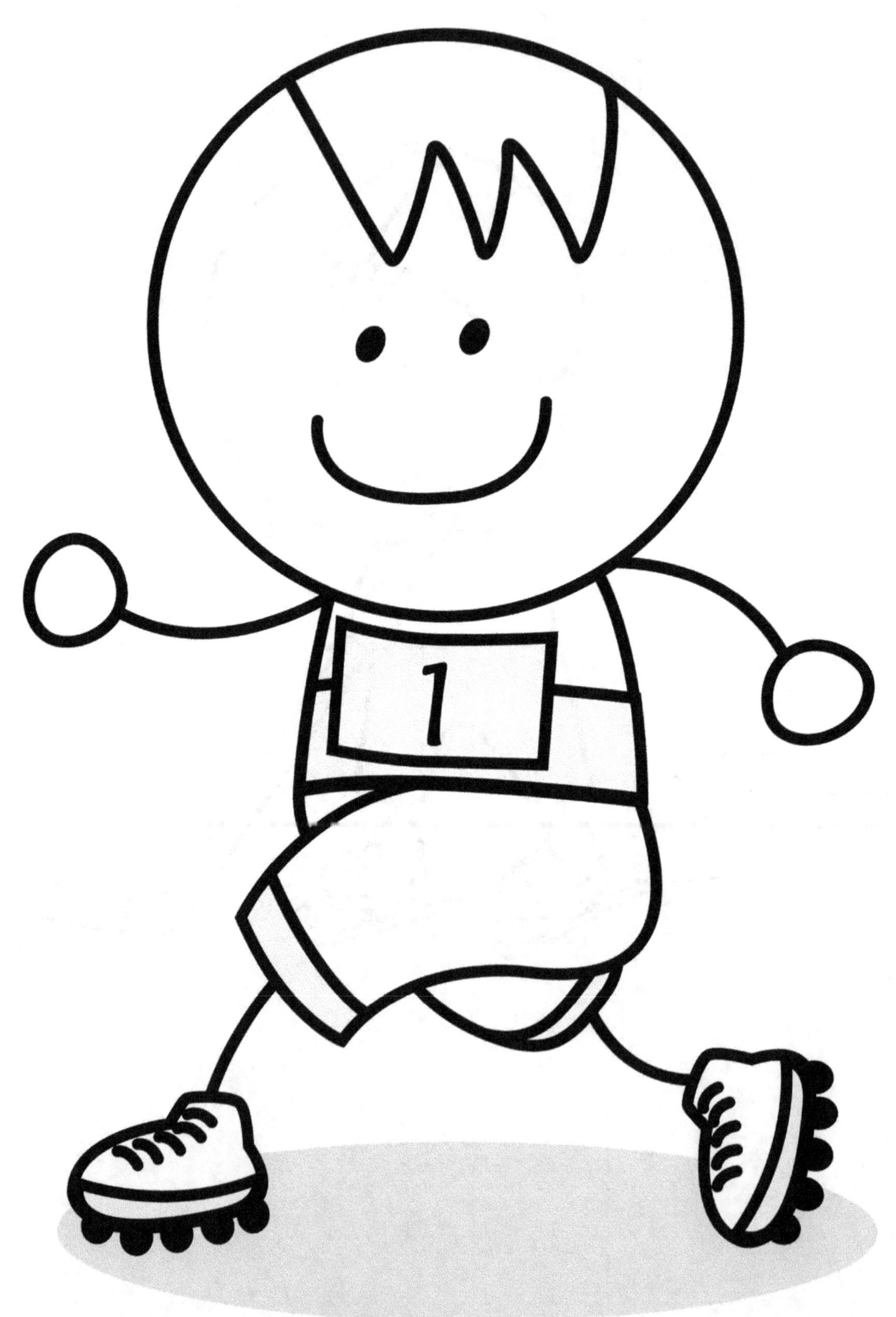
1

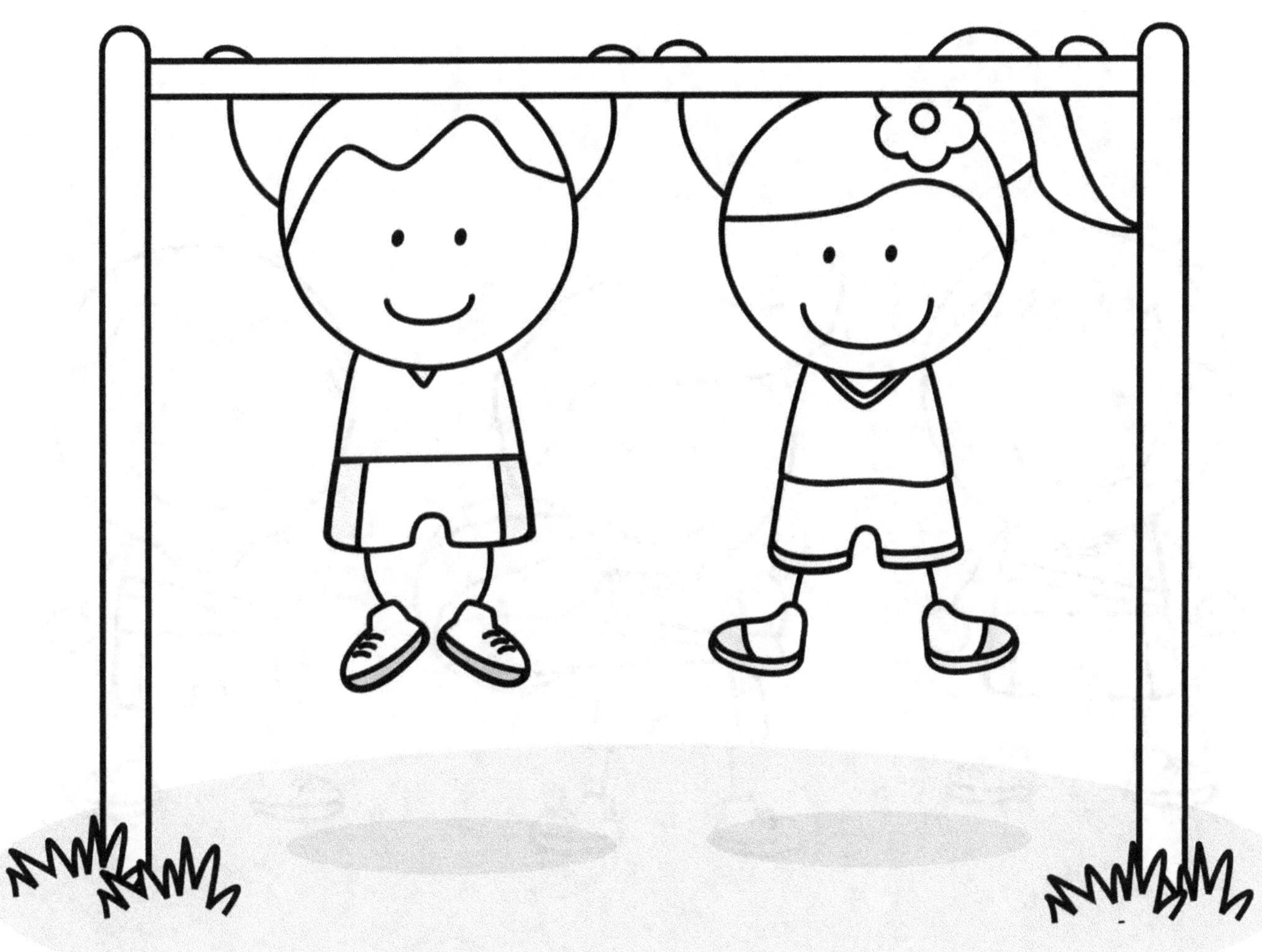

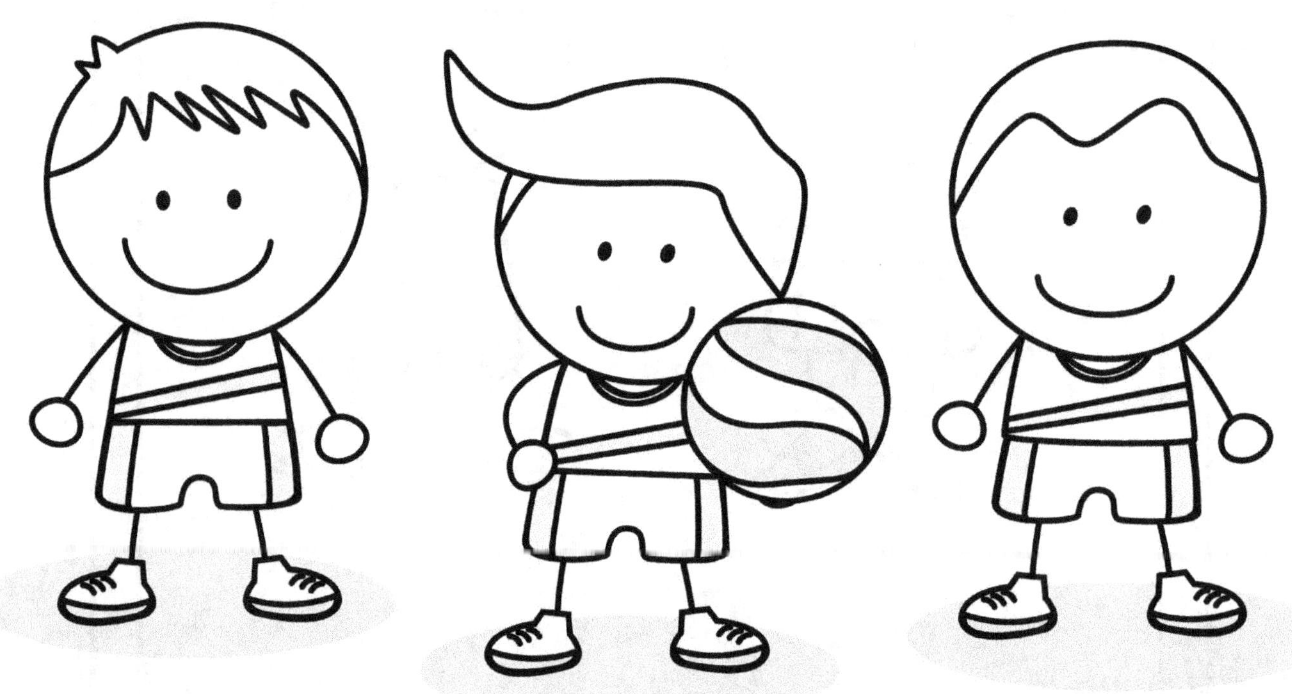

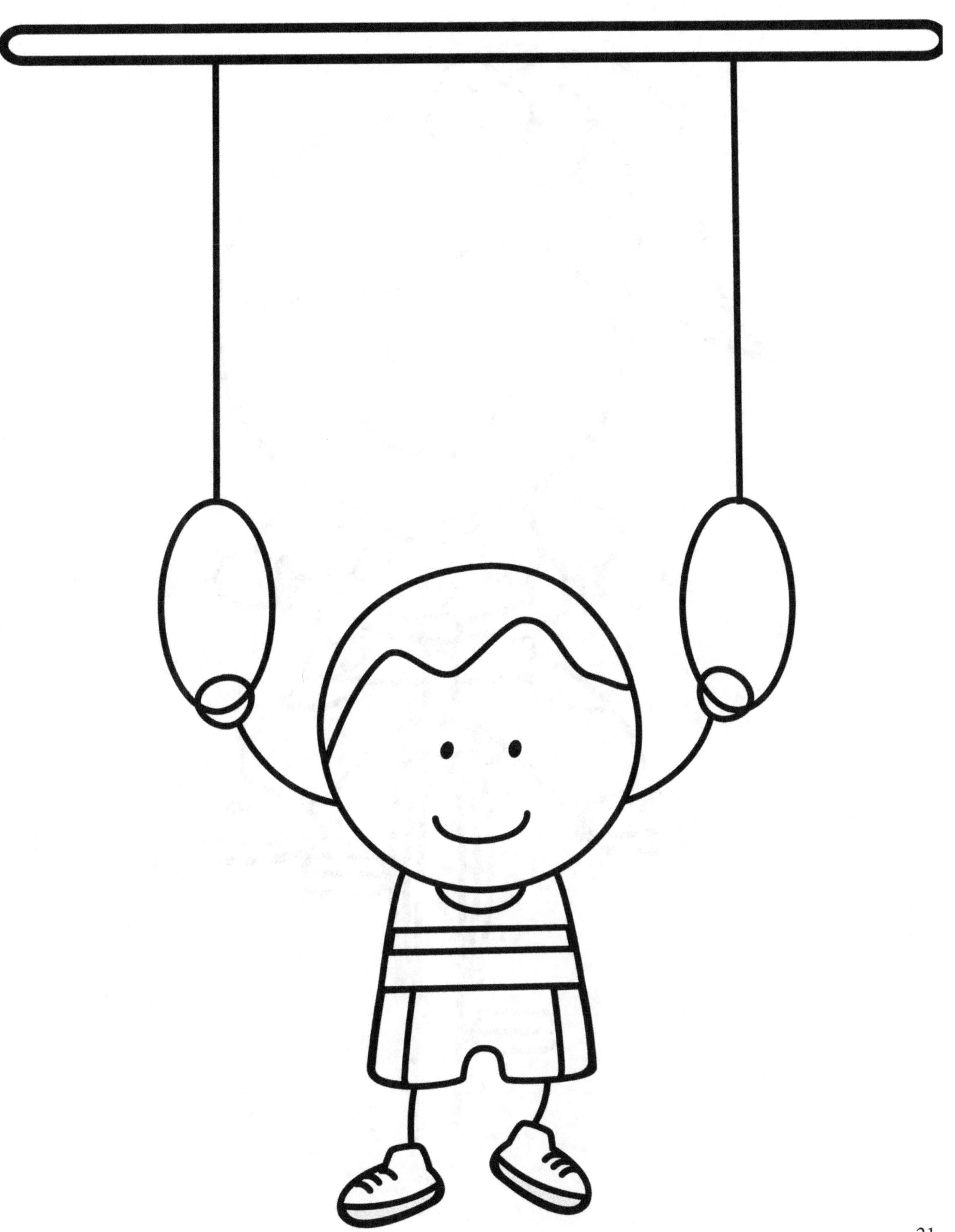

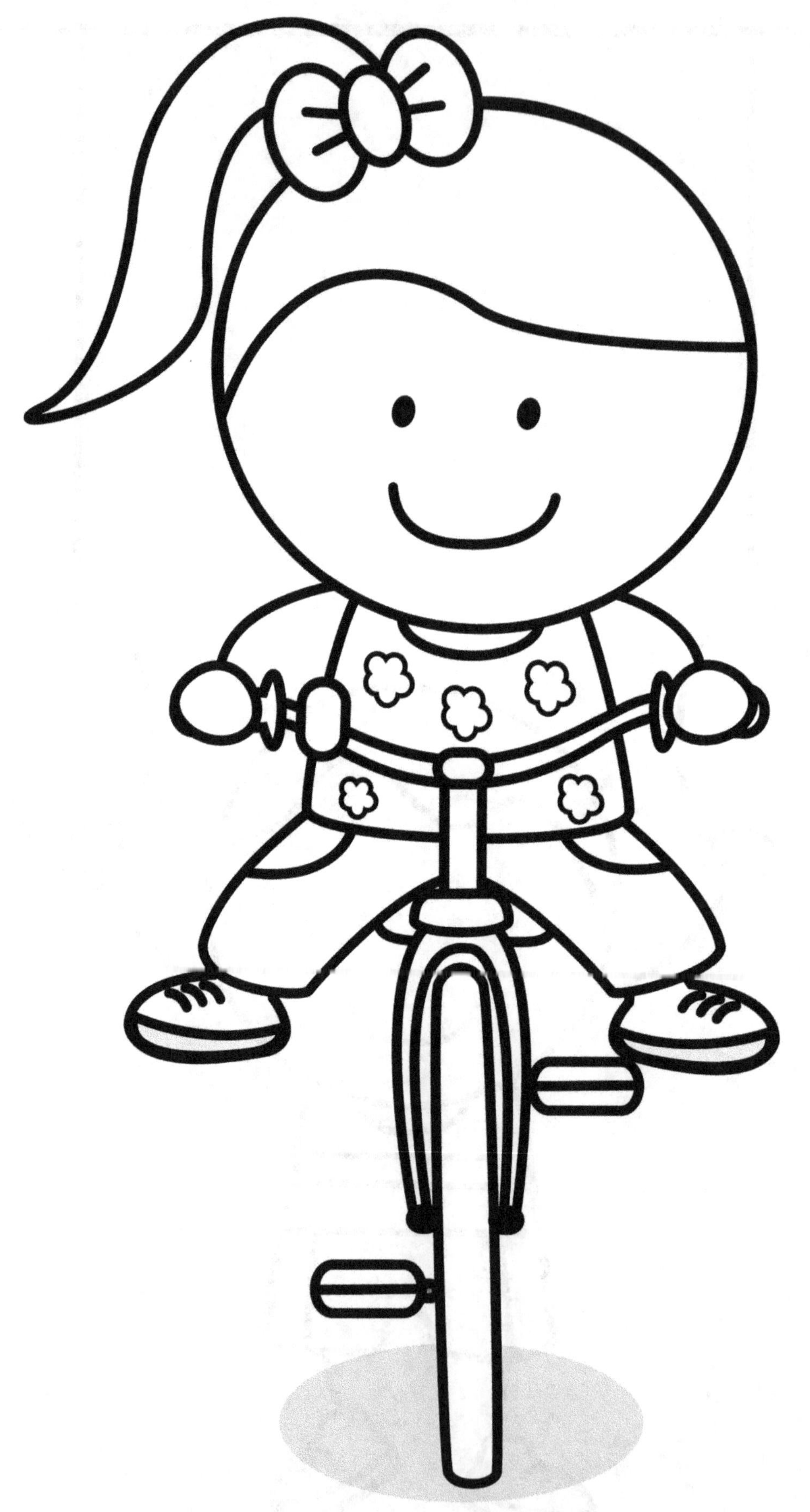

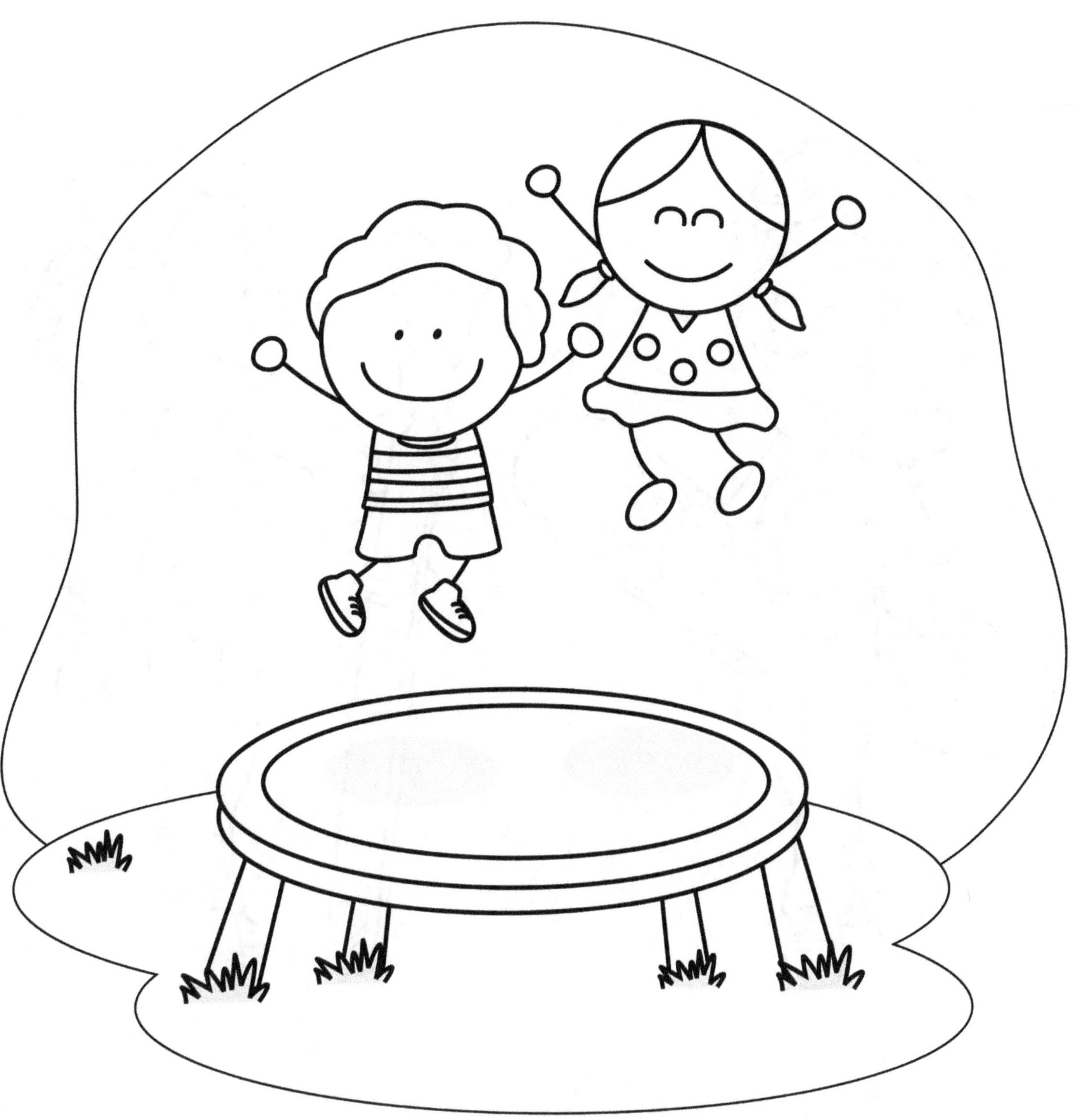

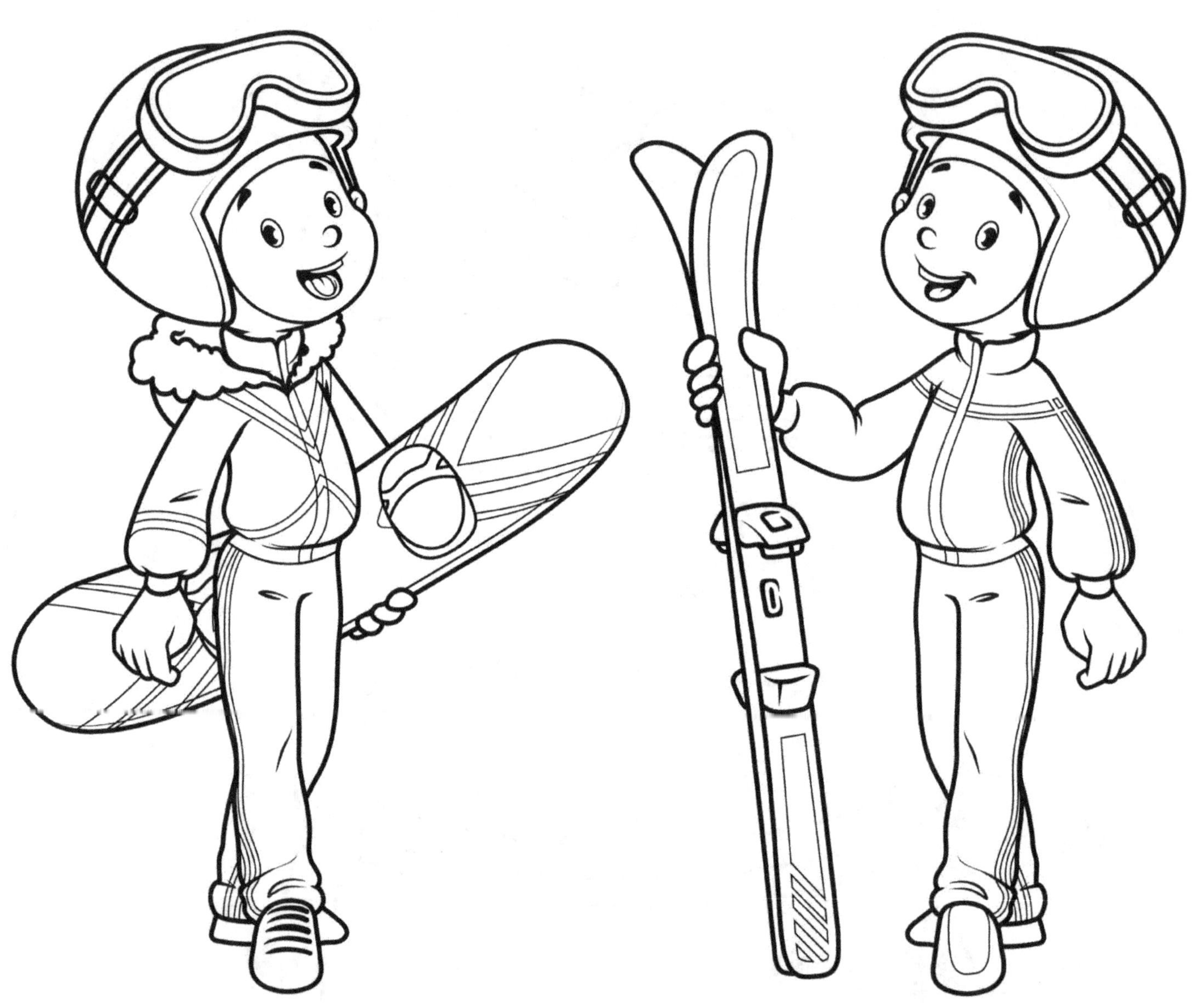

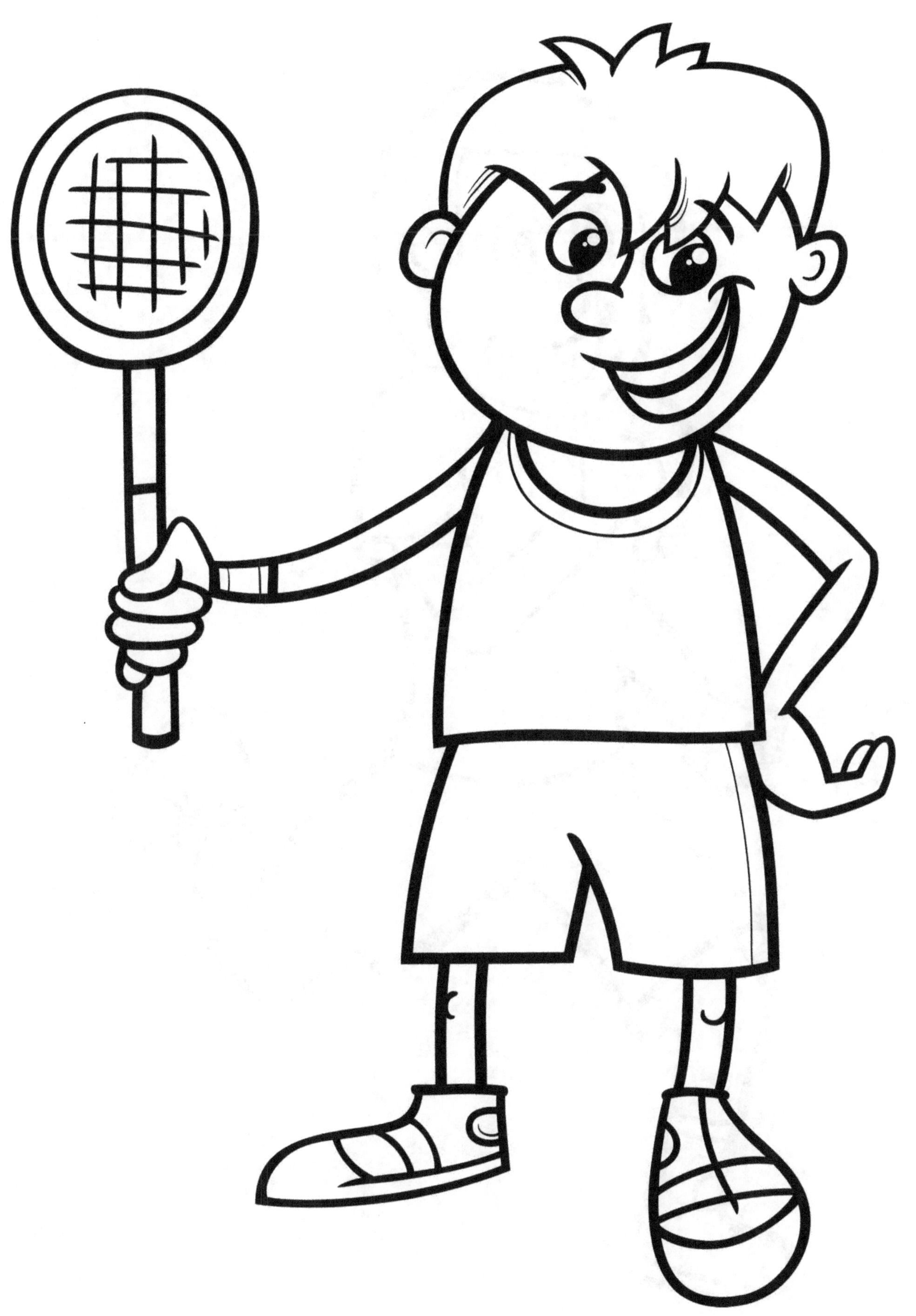

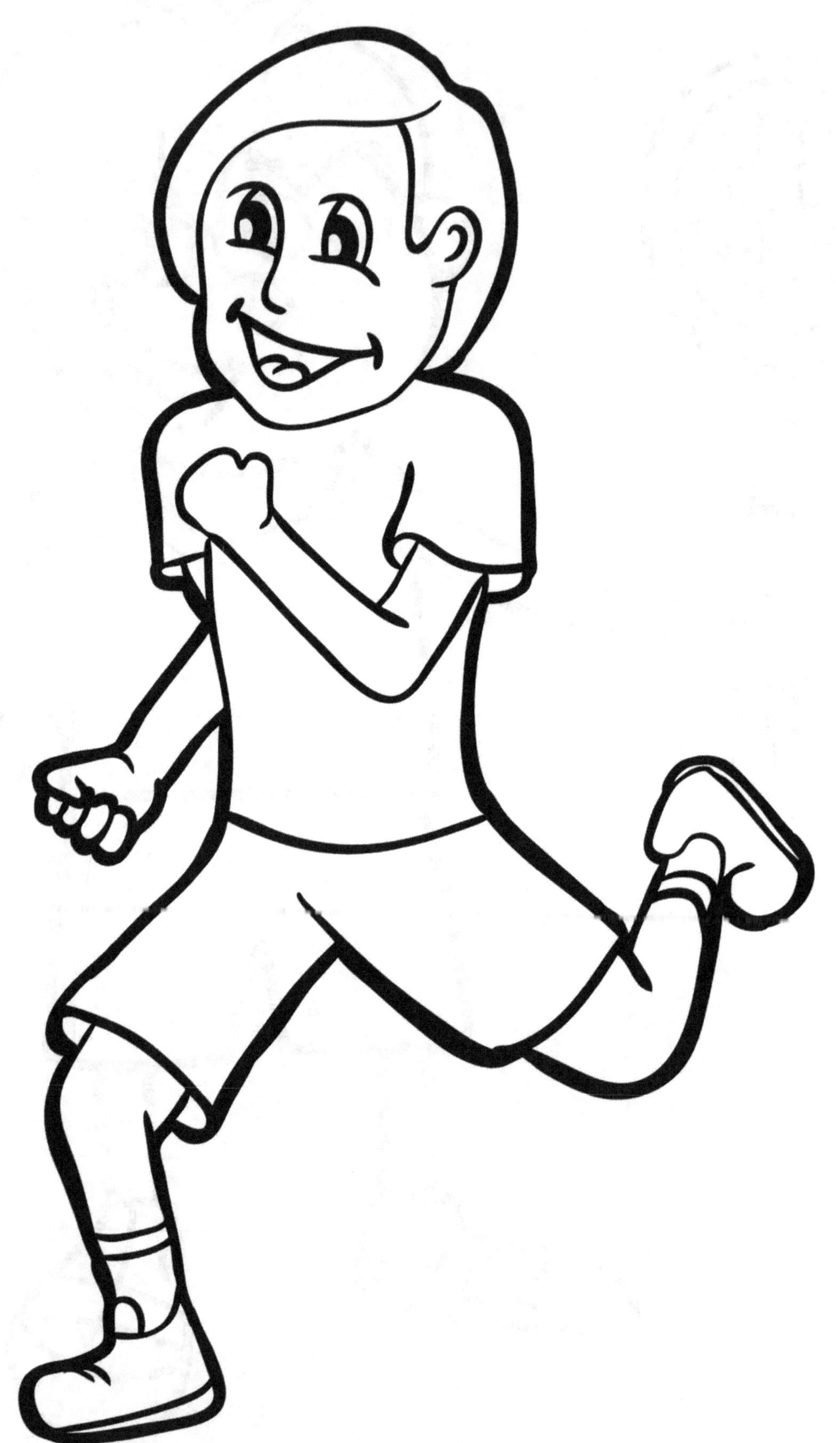

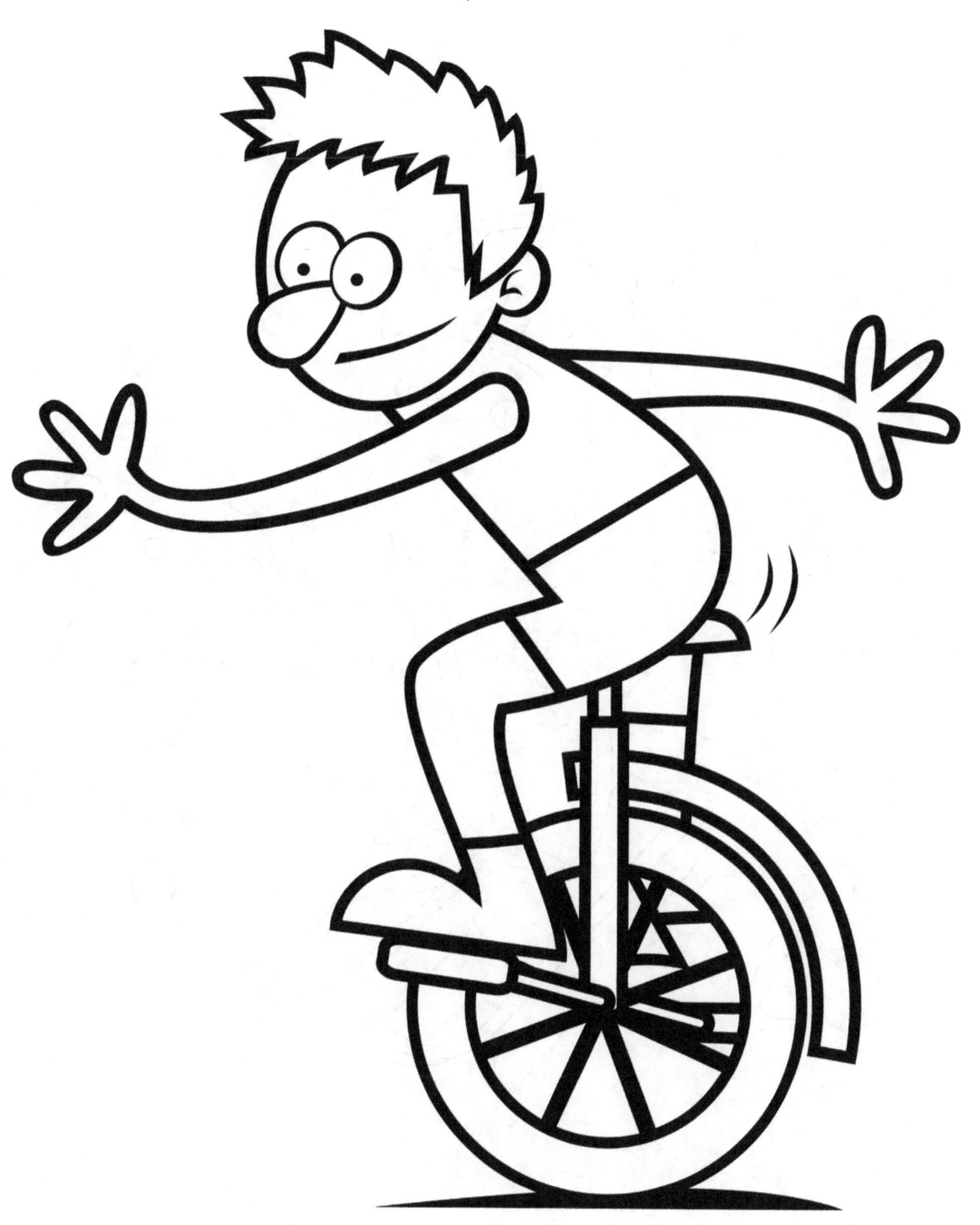

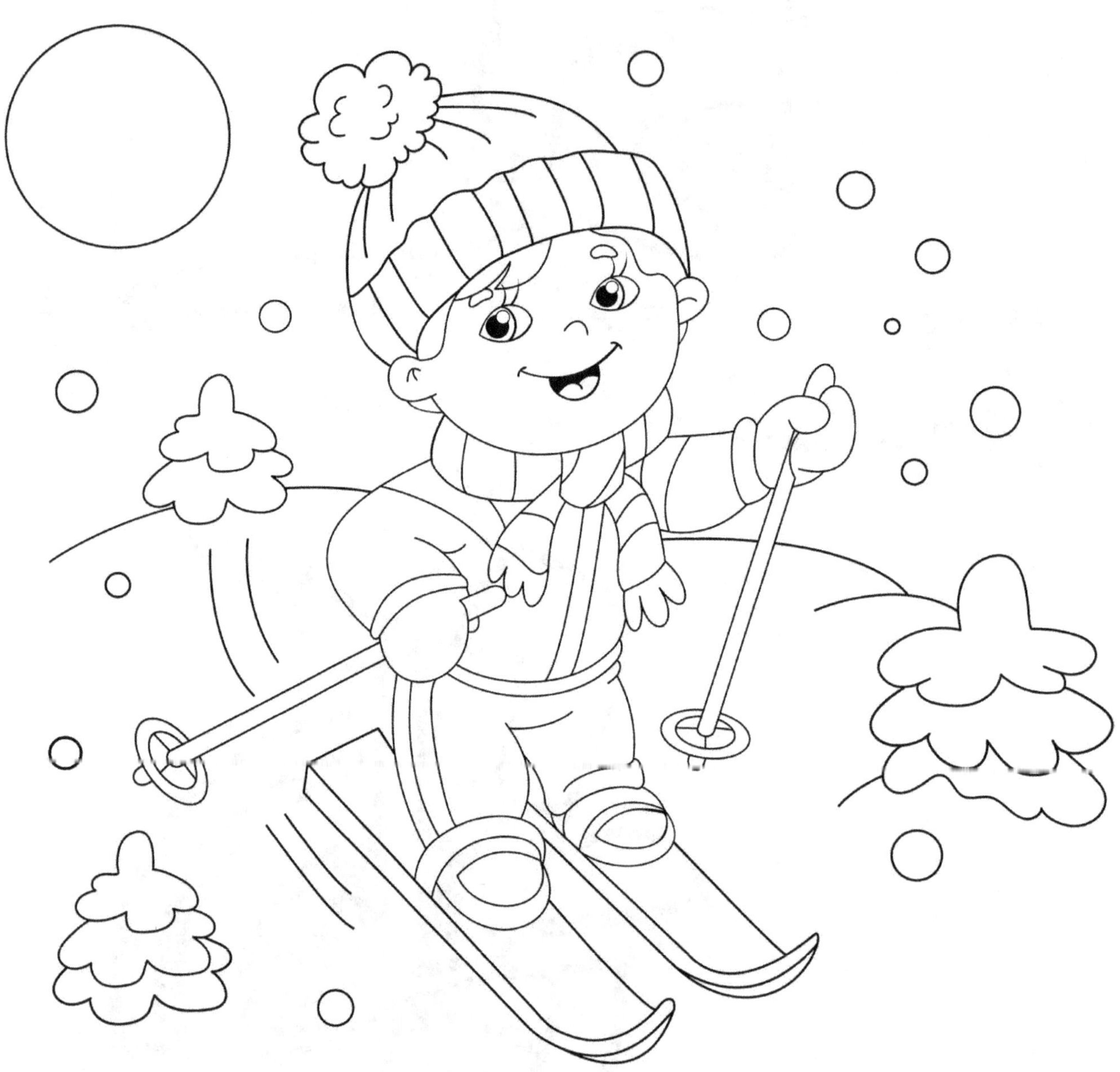

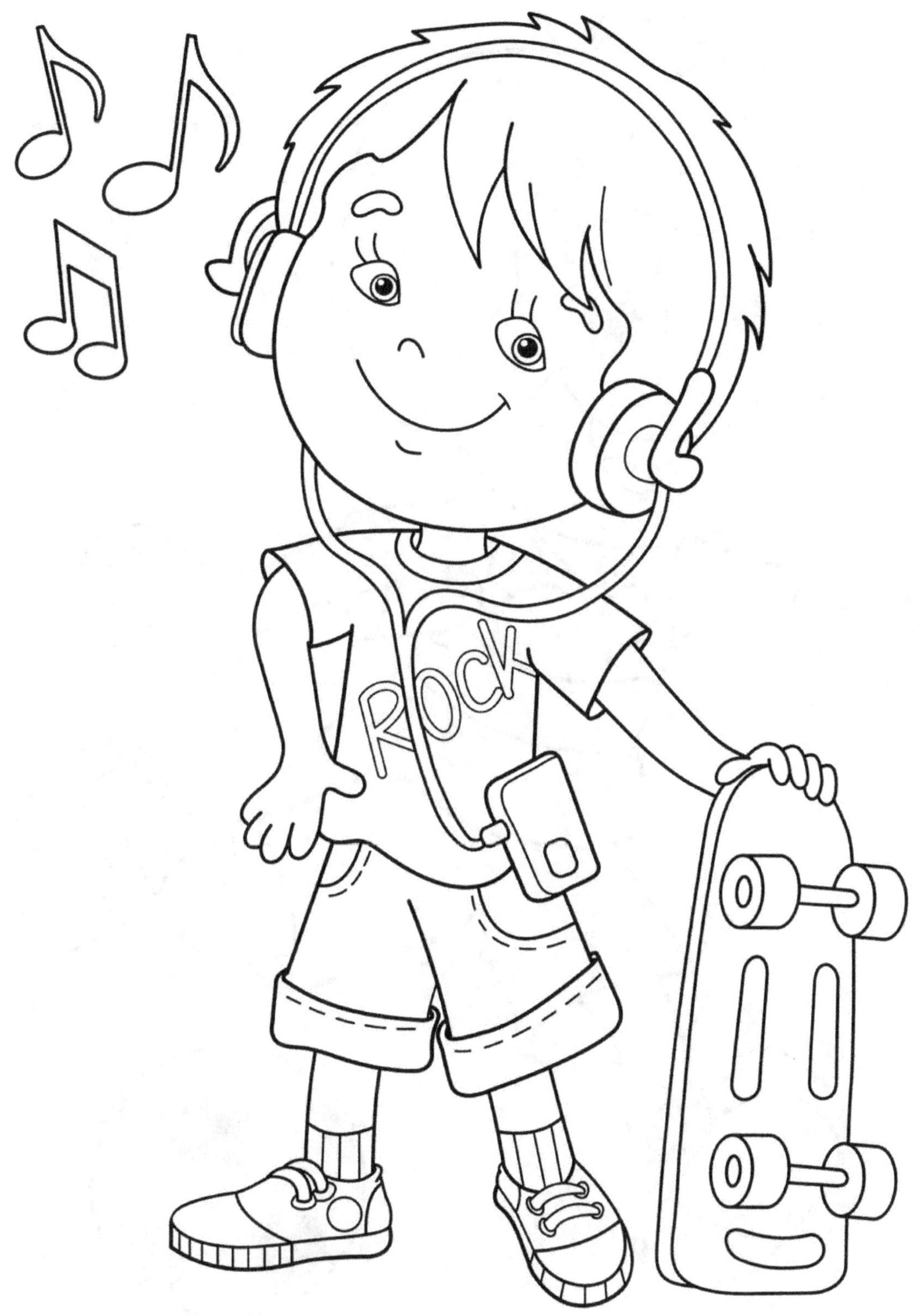

ROCK

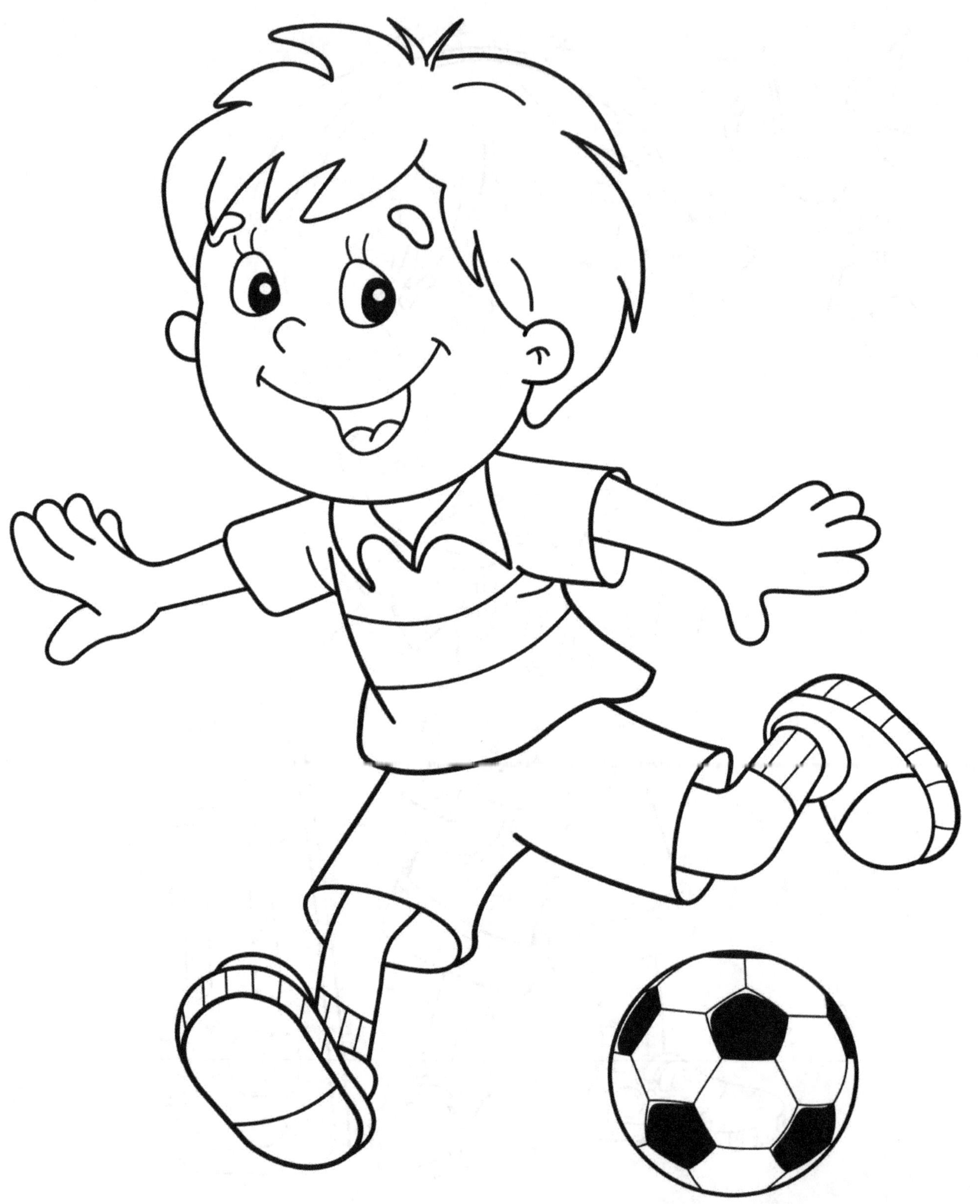

www.ingramcontent.com/pod-product-compliance
Lightning Source LLC
Chambersburg PA
CBHW080317030726
47593CB00009B/2782